Verwurzelt wachsen

"When she sees the beauty of a flower
She gets reminded of her own power
She lets her energy flow and her heart shine
Be in the here and now and everything is fine."

Impressum

Bibliografische Information der Deutschen Nationalbibliothek: Die Deutsche Nationalbibliothek verzeichnet diese Publikation in der Deutschen Nationalbibliografie; detaillierte bibliografische Daten sind im Internet über dnb.dnb.de abrufbar.

© 2022 Chantal Bode
Herstellung und Verlag: BoD – Books on Demand, Norderstedt

ISBN: 978-3-7562-2417-3

Bevor es losgeht, möchte ich Danke sagen.

Danke an jeden einzelnen wundervollen Menschen, welchen ich auf meiner bisherigen Lebensreise begegnen durfte.

Danke an meine Familie, insbesondere an meine Mutter.

Danke an meine Familien, die ich überall auf der Welt gefunden habe. Auf Gran Canaria, in Pavia, St. Moritz und Enschede.

Danke an alle wundervollen Seelen, welche ich auf meinen Reisen getroffen habe – egal ob Couchsurfing, Hostel, Carsharing oder etwas ganz Anderes.

Gedankeninhalte

Vorwort

Ein kleines Sammelwerk meiner Gedichte anzufertigen, stand schon sehr lange auf meiner To-Do Liste. Ich bin unglaublich glücklich, dieses Projekt nun verwirklicht zu haben und meine Kunst in dieser Form mit euch teilen zu dürfen.

Ich habe nach einer Struktur für dieses Werk gesucht und sie in meinen Gedichten selbst gefunden.

Demnach gibt es 3 Teile, wobei es im ersteren eher um die Bewältigung von Zweifeln, Trauer & Traumata geht und die Gesellschaft kritisch betrachtet wird.

Der Samen des Wachstums wird gesät.

Im zweiten Teil beginnt die Heilung – mithilfe von Natur, Liebe und Abenteuern.

Der Sprössling wächst und verfestigt seine Wurzeln.

Zu guter Letzt möchte der letzte Teil zur Inspiration einladen, das innere zu erforschen. Achtsam und offen sein, während die Verantwortung für das eigene Denken und Fühlen übernommen wird.

Eine farbenfrohe Blume zeigt sich in ihrer Pracht, verbunden und bewusst um ihre Macht und Schönheit.

Viel Spaß beim Lesen und vielen Dank!
OM Chanti

I

Seed (Pt. 1)

Sleepless nights

endless fights

unfulfilled desire

get me higher

old songs, same feelings

other sins, same bleedings

achieved awareness

still i'm careless

undefeaten enemy

blind, can't flee

i see

it's me

lesshopeless

dirt on my tongue

dust in my longue

poisoned air

in a world not fair

fainting hope

my eyes used to shine

pain numbed by dope

where is the time

i want to live

but can only maintain

now all we give

is greed, fiction and pain

From Daisy to Rose

Clouds stop my inner flower from blooming,

The longer they stay, the more I wilt

I'm not missing out on the elixir of life

I'm surrounded by a beautiful flowerbed

Yet I crave for the sun

I'm looking for the breeze that will set the sunbeam free

Yet I'm afraid of a storm

How long will I last before I become too

Cold to receive warmth?

How long will I last before I become too

Closed up to receive light?

Will I have to fight against the grey wall,

Will someone else or will it disappear on its own?

Is it possible to find an answer without knowing the question?

Will I just learn to live without the sun,

Will I just lie to myself and pretend it was there?

The first storm came 4 years ago,

I learned to deal with it and bloomed again

The second though hit really hard

I haven't fully recovered from it yet

Maybe I should be grateful for the tornado

Because it helped me to strengthen my roots

Maybe I should learn to appreciate it

And use this power to set my inner sun free

My inner light is strong enough to

Make the clouds disappear

My inner strength is bright enough to

Deal with any storm

I will keep losing myself in the beauty

And turn every storm into a dance of the wind

Turtle

The turtle died.

He tried to hard to get rid of his chains.

Human? Anyone, but himself he blames

His family cried.

Humans wanted to have fun.

They brought food and beer. They wanted to enjoy the sun.

Before they cleaned up their trash, they were gone.

They killed someone, my dear.

Am absurdesten

Und während Millionen von Tieren einfach sterben

Sitzen wir da, schauen zu, wie wir uns selbst
verderben

Es ist so absurd, absurder geht's nicht mehr

Achso, apropos - das Meer

Der ganze Plastiküll, vom Konsum kommt's her

Landet in den Fischis Bäuchen, im großen Meer

Diese Ignoranz

Der menschliche Verstand ist leer

Geheiligt werde der Profit

der ach so grelle heiligenschein trügt

das, was wir angeblich brauchen

alkohol und dieses tabak rauchen

haben verlent zu sehen, wie das universum sich fügt

pflanzen, die helfen, sind illegal

bewusstseinserweiternde geschenke der natur

ersetzt durch pillen, chemiekeulen pur

die folgen für die welt fatal. die frage bleibt: warum nur?

normal für viele: abhängigkeit und ungesunder konsum

doch aggressives marketing bestärkt die gesellschaft in ihrem tun zucker, weizen, speisesalz und flourid

wir werden krank gemacht für guten profit

drum lösen wir uns von der sogenannten normalität

glaubt nicht alles (oder nichts), was ihr im fernsehen
seht

meditieren und wirklich fühlen was uns bewegt

unter'm strich heißt das: seid wach, wenn ihr lebt

Freedom

Summer starts

You think about enjoying the sun

You think about enjoying the flowers

You think about enjoying time with your friends and family

You think about enjoying beautiful sunsets

You think about enjoying a BBQ

Well, here's what my summer looks like

I never get to see day light

I never even get to go outside

I never get to spend time with my family

In fact, I never get to properly live

To you I am nobody

To you I am a number

To you I am food

To you I am a wrapped product in a shop

To you I am bacon

But I am someone

I feel pain

I want to live

I feel

I am

Vegan ist ungesund

oft werd ich gefragt: woher kriegst du proteine

in mir: oh je, los geht's, die bullshit-lawine

veganer essen nur gras und steine

und pflanzen haben auch gefühle

große firmen ziehen erfolgreich an der leine

und während ich lieber in der faktenbox wühle

so viel falschinformation, aufklärung gibt's keine

schaue gespannt zur regenwalder mühle

schaue in die augen der tiere, so viel schmerz, ich weine

Fallende Liebe

Keine Lust mehr darauf, mich so zu fühlen

Möchte doch nur in Tiefen der Liebe wühlen

Doch alles was ich fühle - einen kühlen

traurigen Schmerz, direkt im Herz

Meine Bemühungen so riesig

Trotzdem bleibt alles ungesehen

Das Wetter draußen nieselig

Möcht' mich nicht mehr quäl'n

Bin hier um eine schöne, freie Zeit zu haben

Doch wenn trotz viel Mühe an allen Tagen

Wir Ballast auf den Schultern tragen, uns nur noch
beieinander beklagen

Ich mich fühle wie einst eingesperrte Sklaven

Frag ich mich: wie lange soll'n wir uns noch plagen

Raum und Zeit

Wenn dein Alltag festgelegt

Dich schwindelig im Kreis bewegst

Du dich selber nicht erkennst

Und gegen alle Wände rennst

Gekippt aus der balancierten Mitte

Verliert sich schnell die gute Sitte

Es folgt Gleichgültigkeit, alles egal

Bei so einem Ballast, ich hab keine Wahl

Jede freie Sekunde fühlt sich an wie 'ne Flucht

Sehe mich fallen, ein Stein bricht in die Schlucht

Meine einzige Hoffnung - die grüne Sehnsucht

Puste grauen Qualm in die klare Bergluft

Und wenn die Stimme sich erhöht

Der Wind unruhig hin und her weht

Und ihr euch nur noch auf die Nerven geht

Dann geh, jeder seinen Weg, einen Tag allein

Um sich daran zu erinnern,

wie schön es ist,

zusammen zu sein

Ironie hallo, denn das

verstehst du nur allein

Herz und Schmerz

Schmerz, ich fühle Schmerz

Herz, er kommt aus meinem Herz'

Kriege, verursacht durch Liebe

Obwohl ich so viel davon kriege.

Kriege zwischen Herz und Kopf

Kopf und Herz, wo steckt die Liebe

Roots (Pt. 2)

Awareness

followed by fairness

selfishness comes along

what the hell is going wrong

the volunteers list is long

together ! we are strong

we think it's a mess

for mother nature it's a bless

together ! we are the best

Kreation

Es ist nicht nur eine Art der Expression

Wir teilen nicht nur unsere Vision

Wir teilen damit so viel mehr

Und das Papier, das vorher leer

Erzählt nun eine Geschichte

Am Ende scheint das Lichte

Was ich damit will erzählen

Ohne dich

Würde hier jemand fehlen

Drum gib nie auf,

mach immer weiter

denn für manche Menschen

machst du schlechte Tage heiter

breaking out of jail

i wanna fly

but can only crawl

boundaries set too high

cannot climb this dusty wall

though the one who built it

gotta be me

scared about falling,

 a trip

just wanna be a flying bee

oh little bumblebee

they thought that you can't fly

but clearly we can see

from flower to flower you fly high

started as a very hungry caterpillar

didn't know what'd lay ahead

no more dusty doubts to consider

gazing through my flower bed

mein koerper und ich

es tut mir leid

ich hab dir unrecht getan

der weg nun weit

doch motiviert aktiv ist mein elan

kraft und konzentration führen zum ziel

und vor allem geduld und davon viel

ich gebe uns zeit

denn nur zu zweit

schaffen wir's gescheit

ich verspreche, ich arbeite dran

und zeig uns, was ich schaffen kann

#selflove

meditation

bewege deine gedanken, bleib an keinem ort

sonst sind die neuen wege so schnell fort

nimm jedem moment an, es ist gut wie es ist

der verstand ist es, der dich ins unbehagen frisst

doch bleibe ruhig, fühle und atme tief

sie wird leiser, die dunkle stimme, die dich einst rief

Dancing Love

She can dance to almost every beat,

She enjoys songs of different speed

But in order to find her own orchestra

She needs to focus on one melody

Fast rhythms or something slow before the siesta

She's wondering: what will it be?

She has found various genres to move to

Young, honest, loving and also sweet

She can always press play, when she's in need

But is that what she truly wants to do?

The connection through vibrations, the truest of all

She needs to watch out for her step, if she makes a wrong one

High chances that she's gonna fall

Maybe right into the arms of where the heart wants to belong

Abenteuerteam

Eben noch mit Fischen geschwommen

Und auf 30m Tiefe getaucht

Nun wird der höchste Berg erklommen

Um uns herum ein Nebelhauch

Die Pinienluft erfrischt die Seele

Ein schönes Leben, das ich bewusst wähle

Mit meinem Engel an meiner Seite

Erkunde ich die unbekannte Weite

Umgeben vom Grünen, der Himmel wird blau

Ein perfektes Team, das weiß ich genau

Es stimmt, wir haben beide sehr viel Temperament

Immerhin kein Paar, dass den ganzen Tag verpennt

Sondern gemeinsam jede Krise stemmt

Und begeistert ins nächste Abenteuer rennt

Roadtrip

auf nach frankreich sagte er

entlang der küste, singendes meer

das schicksal mit uns, die sonne lacht

jede nacht wird ganz woanders verbracht

alte städte, überbleibsel einer anderen zeit

all die besonderen orte erkunden wir gemeinsam zu zweit

mit guter ernährung protzen wir vor energie

liebe - egal wo wir sind, ob belgien, britannie oder normandie

unser zuhause, das auto, findet immer einen platz

auf jeder tour offenbart sich ein weiterer schatz

hitchhiker eingesammelt, es geht immer weiter

glücksgefühle überall, das grinsen immer breiter

vorbei an bunkern, stränden und klippen

kein speisesalz, sondern nur das des meeres auf den
lippen

im vordergrund steht des anderen wohlbefinden

keieren einen teppich des glücks, den wir
zusammenbinden

traumhafte plätze mithilfe von park4night

lebensfreude, euphorie, ganz nüchtern, nicht breit

"das war bisher mein schönster sonnenuntergang"

und eigentlich ist dieser text schon viel zu lang

doch wenn man gemeinsam hohe berge erklimmt

die liste an reimen einfach kein ende nimmt

drum ist dieser text einfach ein offenes projekt

in dem, das kann ich versichern, ganz viel liebe
steckt

All inside

Detaching myself, protecting my shell

Creating distance to this chaotic hell

Realizing all I need, I already have - oh well

Unstoppable

You will never see me stopping

You will never see me stay

To some it might be shocking

But I keep going my way

Kraftort

Und dann kommst du an einen Ort

Wo auf einmal alle Gedanken fort

Während Freudentränen hinunter laufen

Bist du umgeben vom Meeres rauschen

Die Luft klar

Der Himmel bedeckt

Was eben blöd

Plötzlich perfekt

Mi Vida

Tengo mucha suerte,

cada día es un regalo

El sol me da fuerte

El tiempo triste ya pasado

Arte y paciencia

Philosophie, Empathie, Glücklichsein,

Sonne, Meer, Strand mit Sand ganz fein

No quiero otra vida

Estoy disfrutando mi libertad

Das Leben findet JETZT statt

Y cuando escucho las olas,

Me olvido de todas las reglas prohibas

Ocean

What would the ocean be without waves

Just a mirror for everyone else

A big reflection of everything, including you and me

Helping us to understand what it means to be free

But the ocean has it's own story to tell

Just that people don't notice it as well

The story it tells is the story of our own

Stop complaining, stop the moan

Realize it's up to you to flow with the waves ride

Liberate yourself from
expectations and your
own pride

barefoot

surrounded by green, birds singing a song

i could just stay here, all day & all night long

this is where we come from, these are our roots

come on, walk barefoot, and let go the weight of your boots

just like every step of ours can be done precisely

everything in life teaches us to be conscious and wisely

Garden of Souls

New souls, open minds

Together we share and learn

Because we're all of different kinds

New experiences you will earn

Since we're all special in a way

We don't need to bloom alone

Let's appreciate this world as a garden

We are more flowers everyday

Together - the way for us to be grown

La Graciosa

Reden über Probleme

Blockaden versperren die Wege

Der Tipp: weniger denken, mehr fühlen

Das Steuer bewusst lenken, statt im Chaos zu
wühlen

Blaue Weste, blaues Shirt, blaue Maske, blaue
Augen

Bis zum heutigen Tag kann ich es nicht glauben

Nicht gesucht, sondern gefunden

Jede Krise mit Liebe überwunden

Auf dem Weg zur letzten Insel von acht

Berge, Wind, Vulkangestein und das Meer

Die Kanaren unendlich Präsenz zu mir gebracht

Verlassen möcht' ich diesen Ort nimmer mehr

La Graciosa

Una bici para alquiler

Sausen im Sand - hin und her

Rauchen den J mit Wellenrauschen

Glück allgegenwärtig, wenn wir lernen der
Gegenwart zu lauschen

Healing Sexuality

Confused about male energies in life

All I want is to be free and thrive

Getting back to my roots, aware of my feeling

Through the connection, activating my healing

Are traumas real or just an excuse?

Do I identify as a victim of sexual abuse?

My sexual energy blocked, who can I blame?

Put aside the shame, it can only be my name

The solution lies within not identifying

With the thoughts and the pain

I slowly realize that when I stop trying

Relaxation, freedom and love I will gain

Gegenwartsgedanken

Es wird gesagt, wir suchen nicht dort wo es sinnvoll ist, sondern dort, wo es einfach ist

Ist das wahr, so einfach des Gehirnes List?

Hoffnung auf bessere Vergangenheit – hoffnungsloses Streben

Nicht aus Bequemlichkeit, vielleicht aber Angst

Wie verdammt willst du im Präsenz leben

Wenn du stets um deine Zukunft bangst?

Lebe im Jetzt, we don't care who see

Oder eher wie die Beatles: let it be

blumenliebe

eine rosa blume, lang blühte sie allein

doch dann sagte sie sich: es wär nicht schlecht zu
zweit zu sein

umgeben war sie zwar stets von einem bunten beet

besonders mochte sie es, wenn der wind sich dreht

neue pflanzen, neue farben, neues leben

doch all diese dinge konnten ihr eins nicht geben

das gefühl, wenn zwei blumen gemeinsam wurzel
schlagen

in die gleiche richtung wachsen, ohne irgendwas zu
sagen

die rose kam, als sie am wenigsten damit gerechnet
hat

perfekte symbiose, egal ob blüte, knospe, dorn oder
blatt

Kern

Wenn der Wind rauscht und die Wellen schlagen

Beantworten sich von selbst all meine Fragen

Mit gesunder Ernährung und Sport

Sind alle Selbstzweifel fort

Die Motivation: Respekt vor meinem Körper

Mit dem ich neue Orte neugierig erörter'

Die in mir entfachte Liebe teile ich gern

Wir tragen sie alle in uns, sie ist unser Kern

Heiter weiter

Jedes Mal, wenn ich hier bin, merke ich

Ich möchte umgeben sein von Natur

Gut, ist nicht weiter verwunderlich

Denn sie ist das Leben pur

Das Wasser rauscht als Bach in den See

Der Wind und die Vögel spielen ein Orchester

Bin umgeben von Bäumen, Bärlauch und auch Klee

Brauche mehr Zeit, nicht nur ein Semester

Der Wunsch nach freiem Leben immer fester

Im Van, bei Couchsurfern, einfach um die Welt

Kein fester Ort, lieber überall kleine Nester

Und nur das machen, was mir auch gefällt

Das manche mal auch gerne im Zelt

Ich genieße sie, die heilende Wärme der Sonne

Eine Erde auf der kein Baum mehr gefällt

Ich hebe fremden Müll auf und schmeiß es in die Tonne

Lerne jeden Schritt bewusst zu setzen

Ich bin hier und laufe weiter

Nichts kann mich mehr verletzen

Egal was kommt, ich bleibe heiter

Je mehr ich mich bewege

Desto einfacher die Wege

Je mehr ich in Bewegung bleibe

Desto weniger Hindernisse, weniger Zweige

Hochflug

High vom Leben

Nie endendes Streben

Kein Wirrwarr, kein Kleben

Weniger nehmen, mehr geben

Ungeachtet was andere denken

Hör auf, dich selbst zu beschränken

Lachen verschenken,

nur du kannst es lenken

Kopf nach oben, statt senken

Grow (Pt. 3)

star in the sky

just tell me why

painful craving

no more waiting

fainting hope

saved by dope

the only one who sees

breathing memories

though it's scattered

creating art, a part

of healing my heart

answer in you

things will come and more will go

like leaf's, just trust and follow the wind's flow

not yesterday. nor tomorrow, but right NOW

is the right moment to seek for peace

letting go and fly along, what a release

all the pain and suffering gone like: POW

so just trust the path that's being created

grow and learn, too long you've waited

alright, there is one last clue

all you need, is already inside of you

AHO

Gekommen aus der Mongolei

Doch die Reise nicht vorbei

Schlafe nun im Wohnmobil im Wald

Wo Vogelgesang durch die Ohren hallt

Der schönste Moment offenbart beim Abendkreise

Wenn jemand spricht, der Rest ganz leise

Liebe, Fürsorge, Geduld und Respekt

Sind es wert, dass mich der Wecker ganz früh weckt

Tipps für Ernährung, hab gefastet

Losgelassen, was mich einst belastet

Geheilt vom Grünen, Bärlauch, Löwenzahn

Komm nicht mehr raus aus dem Crackerwahn

Umgeben von vollkommener Liebe

Vorher Fremde, nun Familie

Meine Zeit hier einfach unbeschreiblich

Ein strahlendes Herz einfach unausweichlich

Das Hier und Jetzt

Die Zeit, sie fliegt, es ist unglaublich schnell

Ich schlafe ein und es ist schon wieder hell

Nichts bleibt so wie es ist, nichts ist für immer

Auch nicht, wenn ich stets durch die gleiche Straße
limmer

Alles ist anders, wie schon große Philosophen sagten

Bei dem Versuch in den gleichen Fluss zu steigen,
kläglich versagten

Ein Ort ist nicht nur die Geographie

Dahinter steckt eine viel größere Philosophie

Die Menschen, die Zeit, der Moment, die Emotion

Ja, dazu gehört sogar die Wetterkondition

Um zu sagen was ich meine,

Ich habe eine Bitte, nur eine Kleine

Den Ort, an dem du gerade bist,

Wirst du so nie wiedersehen

Drum solltest du nicht ohne eine wertvolle

Erinnerung gehen

Selbst gewaehlt

Gedanken um Gedanken

Was vorher im Gleichgewicht, gerät ins Wanken

Statt sich in Selbstliebe mit Energie auftanken

Menschen lieber mit ihrem Ego zanken

Die Lösung zu allen Problemen ist in uns selbst

Denk daran, wenn du ins Selbstmitleid verfällst

Geh raus, sei im Moment, verbind' dich mit der Natur

Das was du erfahren wirst - Seelenfrieden pur

Lass los von allem was dich quält

Du hast dieses Leben selbst gewählt

Folge der Liebe, der Intuition des Herzen

Geschichte sind all die unnötigen Schmerzen

Lass uns verbreiten all unsere Liebe

Beendet werden aller Welt Kriege

Der Sinn des Lebens

Wir sind hier um uns vom Leid des Egos zu befrei'n

Und zu lernen, die beste Version unserer selbst zu sein

Geh, lauf barfuß übers Gras

Tanze, male, singe, Hauptsache du hast Spaß

Wir sind nicht hier um jemanden zu dienen

Und am allerwenigsten, um massig Geld zu verdienen

Beruf dich auf die Liebe, des Lebens wahre Essenz

Sie zählt an deinem letzten Tag, kein einziger Cent

Drum vergiss den Job, folge deiner Leidenschaft

Denn nur so werden wahre Wunder vollbracht

Klimpernde Bachtraenen

die bäume weben schatten auf das krabbelnde moos

der wind gibt ein raschelndes konzert, sein
publikum groß

die vögel begleiten ihn und die natur ist ihr dirigent

es ensteht ein ort, an dem die zeit niemals rennt

das bröckelnde knirschen, das wilde rascheln und
das trockene knacken

lassen ihre mystische schönheit tief ins herz
einsacken

krabbelnde insekten auf mir, sie tun mir nicht weh

der modrige duft und die luft so klar

willst du all das weiterhin - versteh:

der globale klimawandel ist wahr

Fire

Fortunately, most of us living here

Don't have to worry about what to eat

Don't have to worry about where to sleep

So let me tell you something, my dear

That feeling, that fulfillment that you receive

When you do something, in what you truly believe

That my friend is called a passion

And should be practiced in a lifetime session

So sing until you lose your voice

dance as long as you can move

make music until you lose the grove

smash that ball until it bursts

run until your body hurts

draw until the pen is empty

shoot pictures until you have plenty

So whatever it is what you love

Please accept this advice from above

Don't give up, life is short

You won't regret, trust your heart

Because happiness is a choice

ONE

You can push clouds away, when you can't see the
sun

But remember, only when the sunlight is gone

You can see stars

Let's leave those sticky cars

Let's not exploit the Mars

Let's stop those bloody wars

We change from "mine" to ours

Let's all work on this together

Let's keep this planet and its weather

Let's love it all - skin, fur, or feather

We're all the same - then, today, and forever

Limits are a mindset

even though it's getting colder

every step will take me high

trying to keep my head on my shoulders

but my mind in the sky

the journey starts and never ends

you gain but also lose some friends

doesn't matter as long as you dance

and take every obstacle as a chance

from bottom to top can be exhausting

height and steepness are unkown

prepare yourself for a little frosting

while you walk the path of your own

Fliege

Egal welche Höhe ich erklimme,

Stets an Erfahrung und Stärke gewinne

Sobald ich da bin, ziehen alle Wolken weiter

Was vorher grau, nun strahlend heiter

Von oben sehe ich des Wassers Adern

Einfach machen, aufhören an allem zu zadern

Ich laufe den Weg, ein unbeschreibliches Panorama

Möchte nur Liebe empfangen, nie wieder Drama

Der Wind singt, die Bäume tanzen

Alles gelingt, nutze meine Chancen

Der perfekte Plan

Wir können nicht alles planen

Jeden Tag öffnet sich 'ne neue Tür

Hör nicht auf all die, die vor Gefahren warnen

und vertrau einfach blind deinem Gespür

Wenn du ein Buch anfängst,

weißt du wie es endet?

Wenn es morgens regnet,

weißt du, dass abends die Sonne blendet?

Wenn du auf einem Weg langgehst,

weißt du wer dir begegnet?

Und wusstest du, dass es keine Blumen gibt

ohne dass es regnet?

Ay, ay, Captain

Ich bin die, die meines Lebens Steuer lenkt

Bestimme selbst, welchem Gedanken ich
Aufmerksamkeit schenk'

Ist es Glück, Zusammenhalt und Liebe

Oder fördere ich Spaltung und innere Kriege?

Alles liegt ganz allein in meiner Hand

Drum warte ich nicht, sondern vertraue entspannt

In meinem Herzen eine Fülle der Liebe

Weil ich mich auf genau das fokussiere

In jedem Bereich wird politische Korrektheit verlangt

Doch die Spaltung dadurch nur breiter gespannt

Das einzige was zählt: wir sind alle eins

Eins mit anderen, eins mit der Natur

Hast du das verinnerlicht, spürst du Seelenfrieden pur

Ein Vers vom Munt Pers

Mit meinen Schwestern, der Natur, der Essenz
verbunden

Stück für Stück die Heilung, aller Schmerz
überwunden

Ich singe das Lied der 4 Winde

Während ich in Schwingungen der Liebe
verschwinde

Das Leben so schön und einmalig

Alles was grau, mal' ich spielend farbig

Bin in den Bergen, atme klare, heilende Luft

Befreie mich selbst von jeder belastenden Kluft

Pachamama zeigt mir ihre Pracht

Beim Singen vor so viel Glück gelacht

Auf 3207m auf dem Munt Pers

Schreibe ich friedvoll Vers für Vers

Was eben noch bedeckt, nun ganz klar

Ich voller Liebe, unsere Essenz, wie wahr

Licht der Freiheit

Freisein - was bedeutet das?

Ein schnelles Leben mit viel Spaß?

Ist es die finanzielle Unabhängigkeit

Oder der Satz: ich bin von allem befreit?

Freiheit meint losgelöst sein von allen Zwängen

Keine Angst oder Gewohnheiten, die uns in die Ecke drängen

Schau was passiert, wenn das Ego und seine Gedanken keine Macht bekommen

Bewusst im Hier und Jetzt, lachend, wird jeder Berg erklommen

Schaffe dir deine persönlichen Anker, sie holen dich
in den Moment

Egal ob du Geräusche ortest oder spürst, wie Wasser
an dir herunterrennt

In uns allen fließt klare Energie und Liebe

Mit dieser Erkenntnis gibt es keine Kriege

Drum arbeite stärker mit dem Fokus auf Licht

Siehe da, ein Lächeln, und zwar übers ganze Gesicht

Bewusstseinserweiterung

Unser moderndes Leben macht uns kaputt

Pflanzenmedizin, höhere Ebenen, das heilige Wissen

Ermordet, unterdrückt, verbrannt in Asche und
Schutt

Das ständige Gefühl, einen Teil von sich selbst zu
vermissen

Verpönt die Substanzen, die uns Unglaubliches
lehren

Frag dich, warum will der Staat uns das verwehren?

Durch Psilocybin lerne ich: ich bin eins mit der
Natur

Durch THC kreative Gedanken, geraucht wird's pur

Durch Madre Medicina, heilige Ayahuasca

Durfte ich lernen: wir sind alle eins und damit basta

67

Wer die Chance hat, sein Bewusstsein zu erweitern

Kann somit die Welt um einiges erheitern

Zuviel Hass, Krieg, Geiz und Neid auf Erden

Wenn's so weiter geht, was soll nur aus ihr werden

Drum schreibe ich diese Zeilen und möchte betonen

Weg mit Vorurteilen und Angst, die Erfahrung wird sich lohnen

Werd' auch du zu einem friedvollen Krieger für diese Welt

Wir sorgen gemeinsam dafür, dass sie zusammenhält

Madre Medicina

Das Herz ist offen,

überall Liebe empfangen

Es hat uns alle getroffen

Können Vertrauen, kein Bangen

Raum wird in Rauchschleier gehüllt

Der Geist mit Energie gefüllt

Die Stille schafft Klarheit

Wir fühlen die Wahrheit

Hab' gelernt zu vertrauen

Ängste sind eine Illusion

Kann in mein Inneres schauen

Kreiere eine große Vision

Ich bin alles und alles bin ich

Schatten gehört zwar zum Licht

Doch um uns scheint es hell und klar

Wir bestehen einzig aus Liebe, das ist wahr

Ich bin dankbar für jeden, der ein Teil war dieser Reise

Wir sind alle richtig, so wie wir sind, das behaupte ich weise

Schlaf, mein liebes Schaf

Ich spüre wir sind so viel mehr

Diese Energien, wo kommen sie her?

Wer ist echt, sag mir wer

Alles bewegt sich und alles dreht sich

Wir sind alle eins, die Illusion des Ich

Die Spaltung ist unsere Pandemie

Die meisten gucken weg, ich frag mich wie

In die Zukunft projizierte Vergangenheit

Werd dir bewusst, Angst ist eine Illusion

Es ist an der Zeit, dass sich jeder befreit

Spür was wir sind, eine einzigartige Kreation

Denn in diesem verwirrenden Gefecht

Sag mir wer ist echt und was ist schon gerecht?

Noch mehr Konsum, innerliche Enge

Ich scheiß auf gesellschaftliche Zwänge

Während ich mich an einem Haufen

Von blinden Schafen vorbeidränge

Und brülle: Glück lässt sich nicht kaufen

Und während die meisten voller Unbewusstheit

Negativität konsumieren, sie multiplizieren und
sich verlaufen

In den Angeboten, so viele, dass sie drin ersaufen

Gehe ich im Hier und Jetzt durch mein Leid,

Denn ich weiß, dass mich der Moment befreit

Denn die nächste Illusion, das Konzept der Zeit

Nur existiert, solange mein Fokus darauf geneigt

OM

Um zur Quelle zu gelangen, geht es gegen den
Strom

Vertraue dem Universum - sein Klang, das OM

Folge dem Ruf deines Herzen'

Lernen, das ist der Sinn von Schmerzen

Lass die Sonne auf deinen nackten Körper scheinen

Stärke ist, Emotionen zu zeigen,

du darfst weinen

Schütze dich vor Manipulation mit deinem Licht

Sorge dafür, dass niemand deinen Frieden bricht

Leuchtend, lachend, glücklich

dein Gesicht

Ueber die Autorin

Chantal is a writer. She's a dancer. She's an artist. And at the same time she is graduating in Business Studies. Her personal journey has brought her across the globe and more importantly deep inside of her own self. She gets inspired by life and her mission is to be an inspiration for others along the way.

She believes that we all deserve to find our purpose in life. She has found hers in sharing her positive, curious and flower-colorful vibes with everyone she comes across.

If you want to know more about her journey, you may follow her on her Social Media.

@chantalbde